ALFAGUARA

ALFAGUARA

RENATA Y SUS CURITAS
D.R. © Del texto: Aline Pettersson, 1999.
D.R. © De las ilustraciones: Ana Ochoa, 2000.

D.R. © De esta edición:
Editorial Santillana, S.A. de C.V., 2003.
Av. Universidad 767, Col. Del Valle
México, 03100, D.F. Teléfono 5420 7530
www.alfaguarainfantil.com.mx

Éstas son las sedes **Grupo Santillana**:

ARGENTINA, BOLIVIA, CHILE, COLOMBIA, COSTA RICA, ECUADOR, EL SALVADOR, ESPAÑA, ESTADOS UNIDOS, GUATEMALA, MÉXICO, PANAMÁ, PERÚ, PUERTO RICO, REPÚBLICA DOMINICANA, URUGUAY Y VENEZUELA.

Primera edición en Editorial Santillana, S.A. de C.V.: mayo de 2003
Primera reimpresión: julio de 2003
Primera edición en Santillana Ediciones Generales, S.A. de C.V.: agosto de 2004
Primera reimpresión: octubre de 2006

ISBN: 970-29-0916-3

D.R. © Cubierta: Ana Ochoa, 2000.

Formación: Yadhira Corichi Barrón

Impreso en México

Todos los derechos reservados. Esta publicación no puede ser reproducida, ni en todo ni en parte, ni registrada en o transmitida por un sistema de recuperación de información, en ninguna forma ni por ningún medio, sea mecánico, fotoquímico, electrónico, magnético, electroóptico, por fotocopia o cualquier otro, sin el permiso previo, por escrito, de la editorial.

Este libro fue escrito con el apoyo del Sistema Nacional de Creadores de Arte.

Renata y sus curitas

Aline Pettersson
Ilustraciones de Ana Ochoa

Alfaguara

Renata corre tras de su gato que corre tras de una bola de estambre.

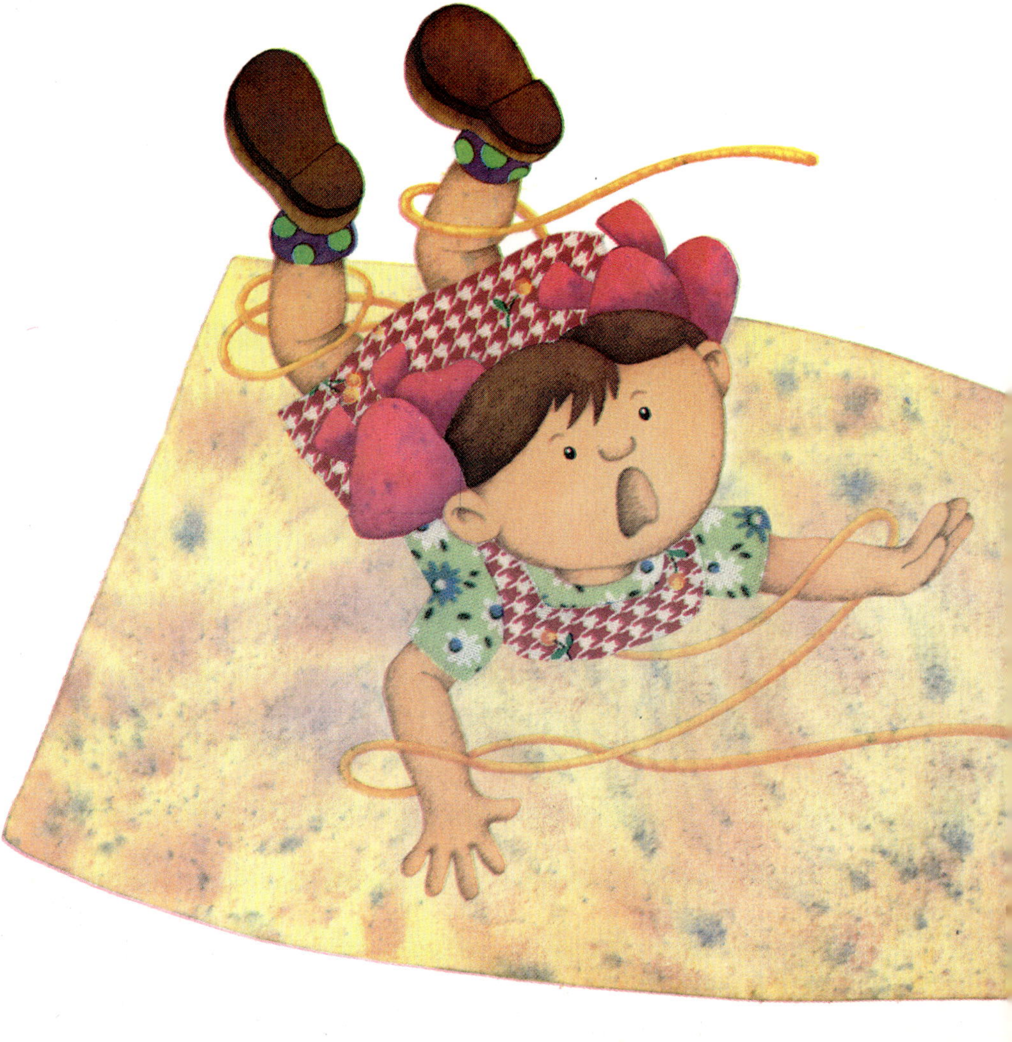

Y el gato y el estambre se enredan con sus piernas.
PAFF PAFF va a dar hasta el suelo.

—¡Gua! ¡Gua! ¡Gua! —chilla Renata.

—Miau, miau —maúlla el gato.

Mientras llora, la niña mira con mucho cuidado su rodilla. Busca y busca y busca, pero no encuentra nada.

—¿Dónde está mi herida?, ¿dónde está? —dice Renata.

—Miau —contesta su gato.

—¡Ya la encontré! —dice Renata.

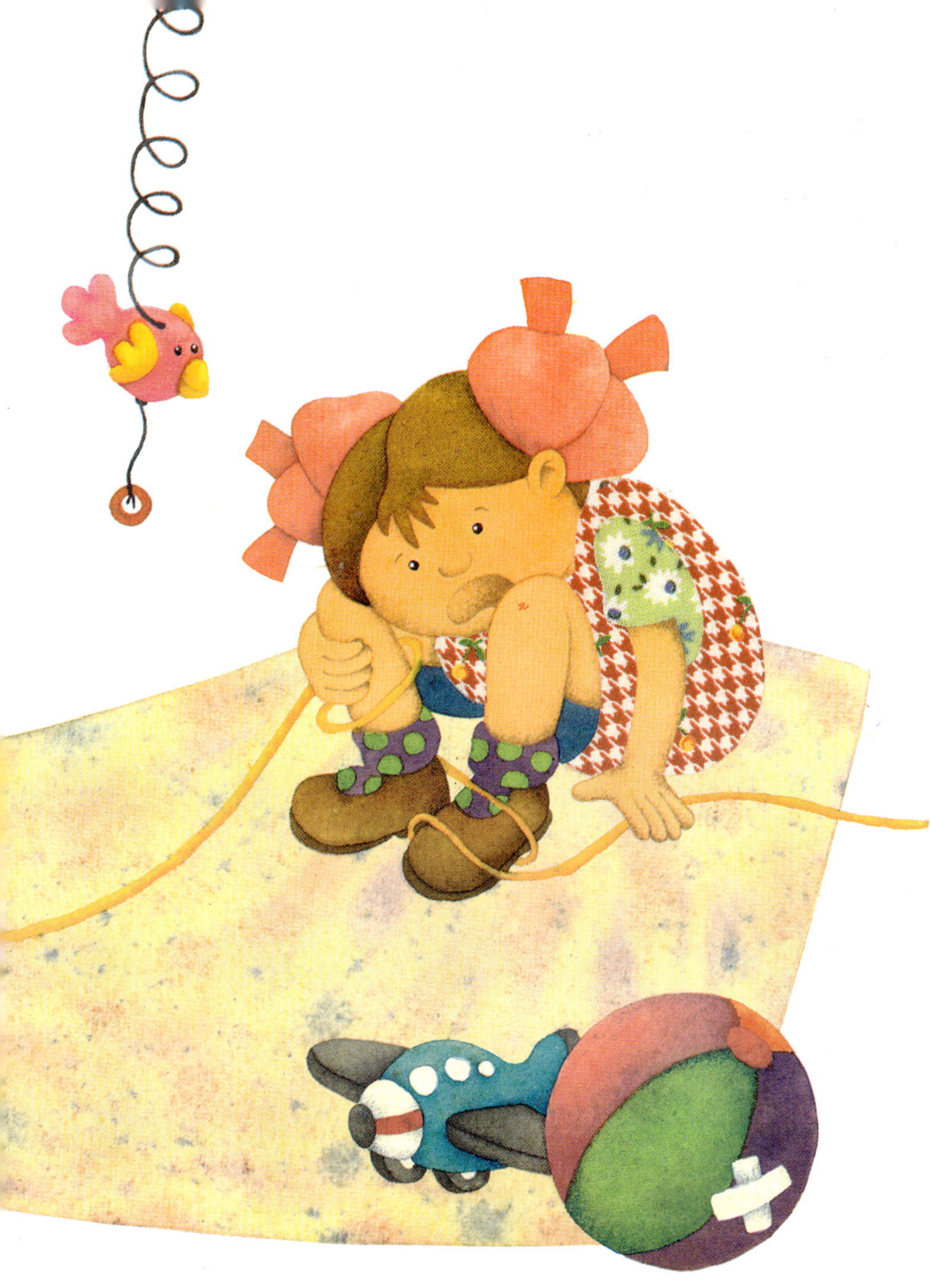

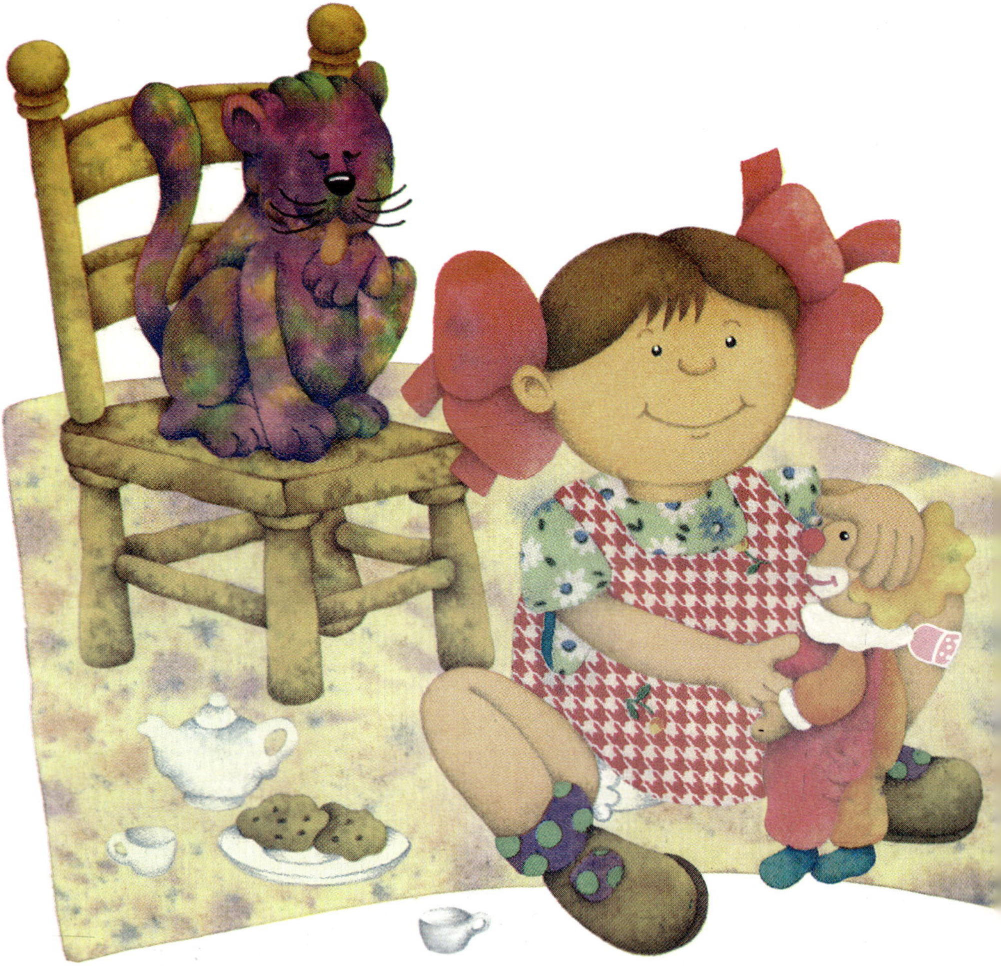

Después trae una curita que pone en su rodilla sobre un puntito rojo tan chico que casi no puede verse. Luego se va a jugar.

El gato se acomoda sobre la silla para lavarse con la lengua cuerpo y patas.

—Run, run —ronronea contento.

Renata juega a la pelota, hasta que ésta se va volando muy muy alto. Vuela más alto que el respaldo del sillón. Vuela más alto que el retrato donde el papá y la mamá de Renata están vestidos de novios. Vuela más alto que la mancha de tinta azul, como el mar, que hay en la pared. Vuela más alto que la telaraña donde se esconde la araña peluda.

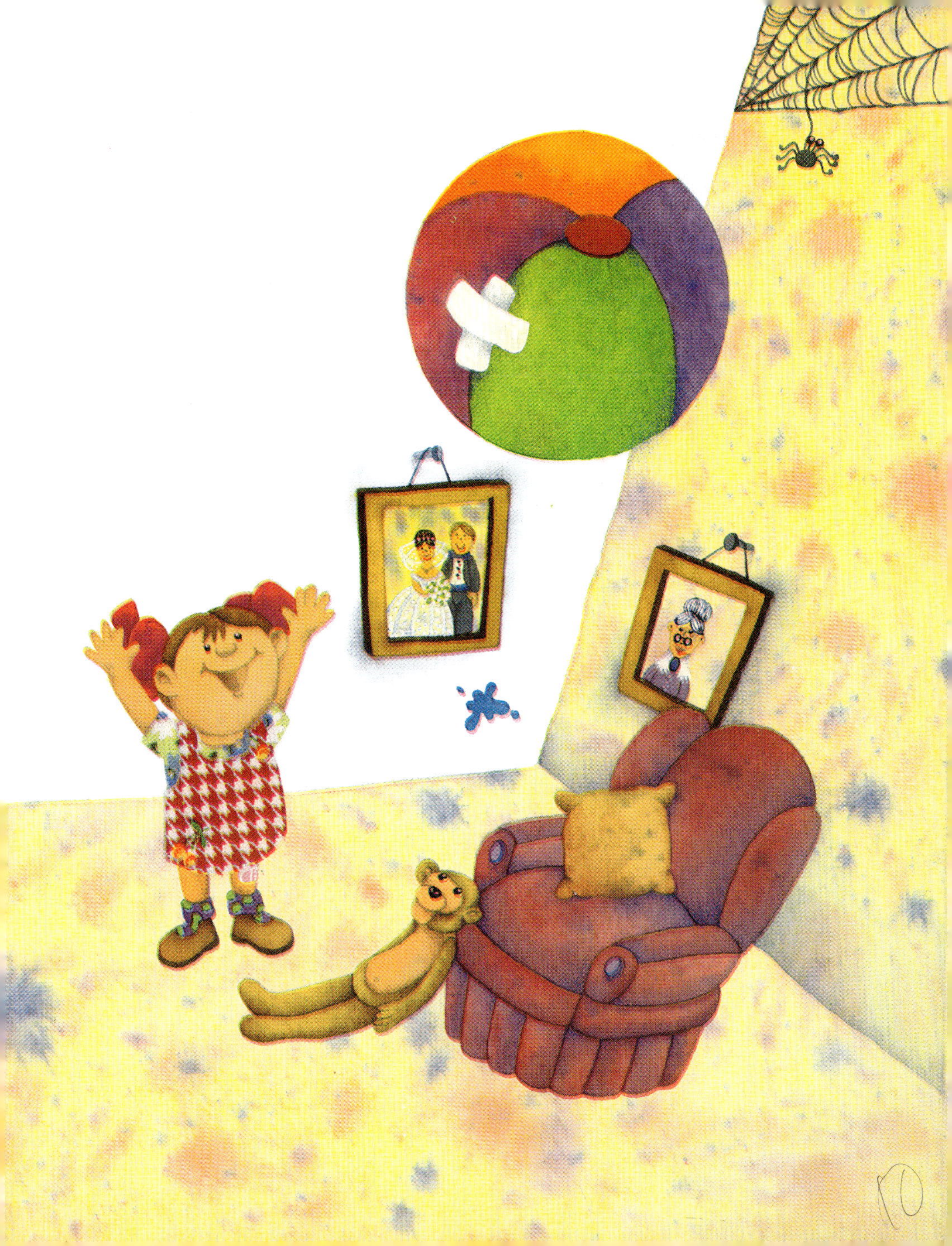

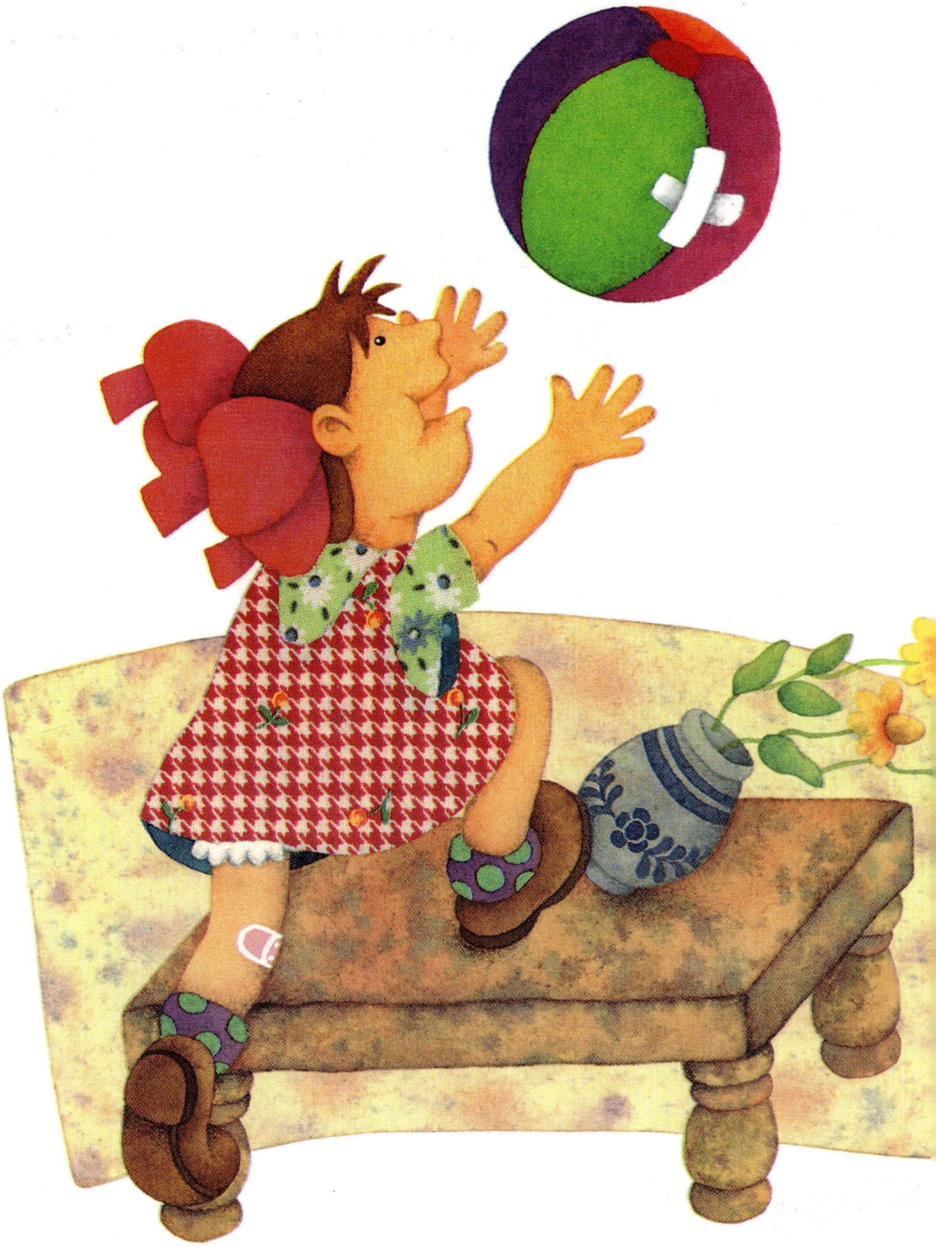

La pelota vuela hasta el techo, Renata corre tras ella. Pero no se fija bien, y se tropieza con la mesa.

—¡Gua! ¡Gua! —chilla Renata—. Me lastimé. ¡Gua!

El gato levanta la cabeza.

—¡Gua! Tengo una gran herida —dice Renata.

El gato salta a la mesa y quiere acariciarla con su lengua, pero no encuentra la herida.

—¡No! ¡No! —grita Renata—. No me toques, necesito una curita.

Por fin se encuentra un raspón que sólo ella puede ver. Y ahí la pega.

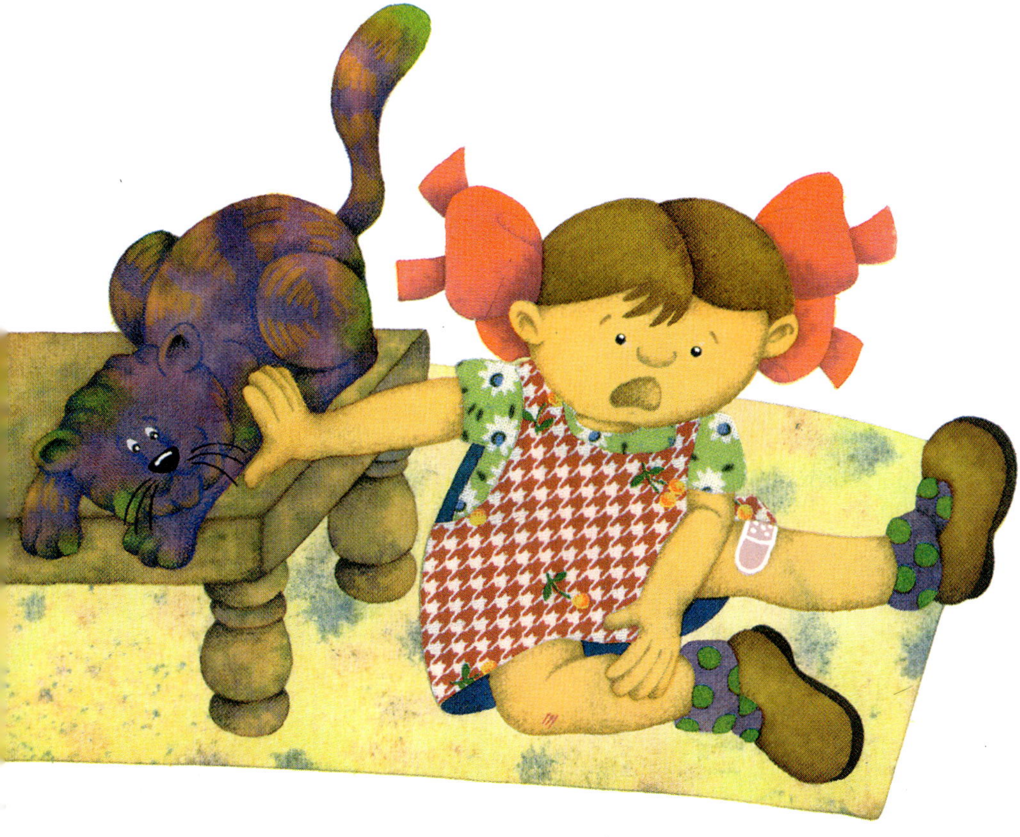

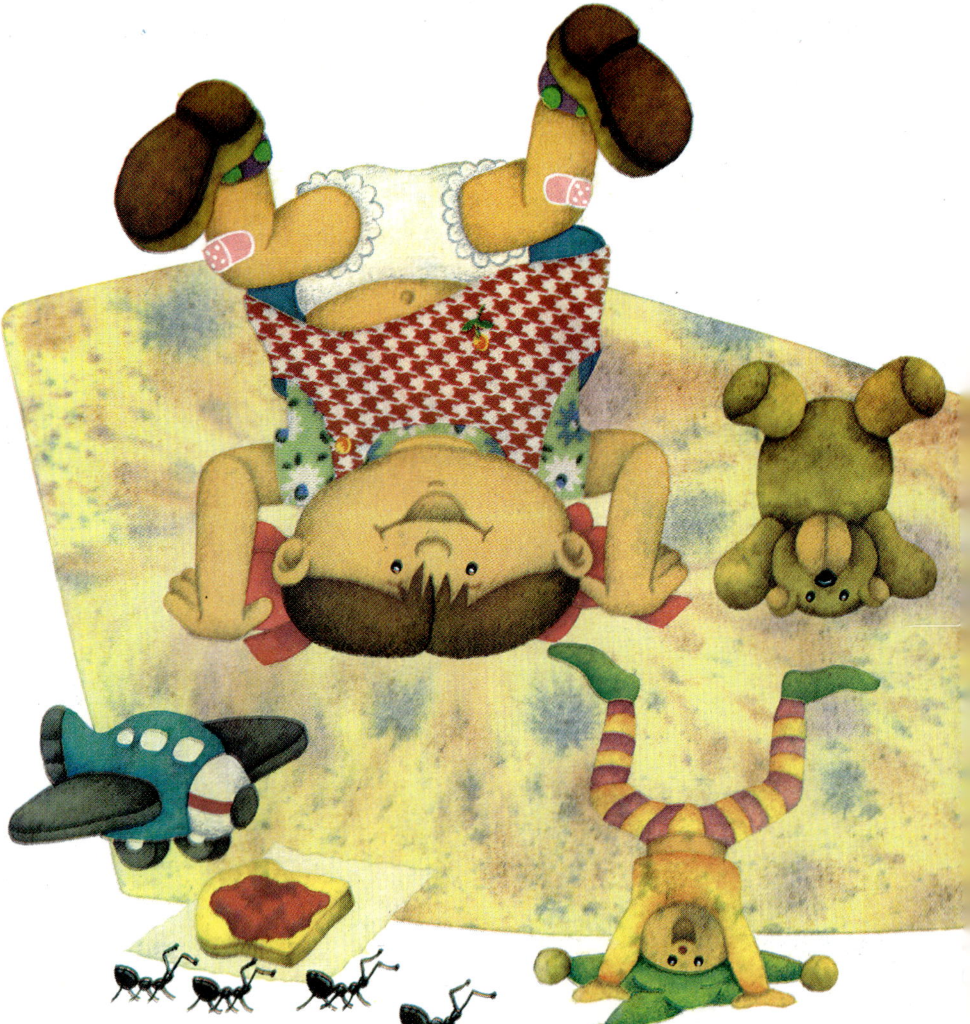

A Renata le gusta divertirse con su gato, con sus juguetes o viendo libros. Le gusta seguir a las hormigas que van y vienen sin descanso, o escuchar el trino de los pájaros. También le gusta cantar y bailar y dar vueltas hasta marearse.

Pero si Renata se ve en una pierna o en un brazo o en una rodilla o en un dedo una mancha roja tan pequeña como la punta de un alfiler, luego luego se pone a llorar. Y todos quieren taparse los oídos.

—Run, run, run —ronronea otra vez el gato.

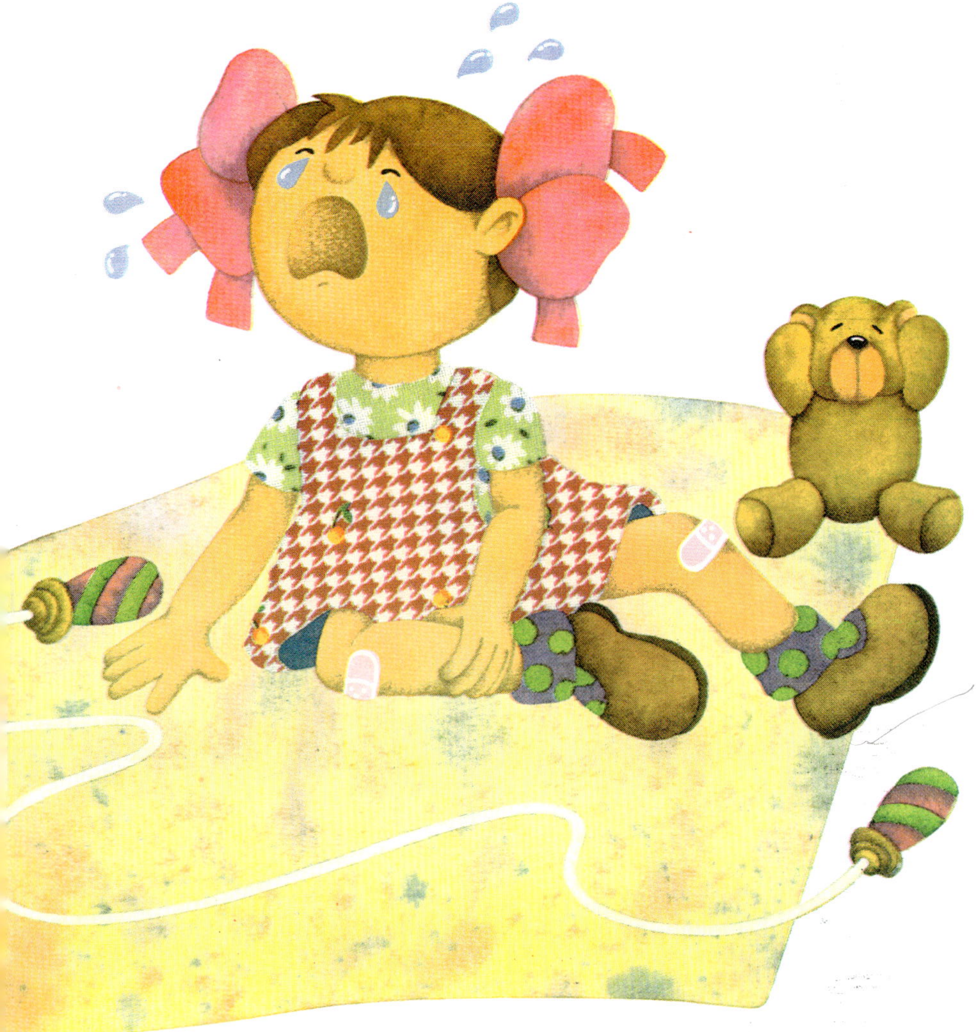

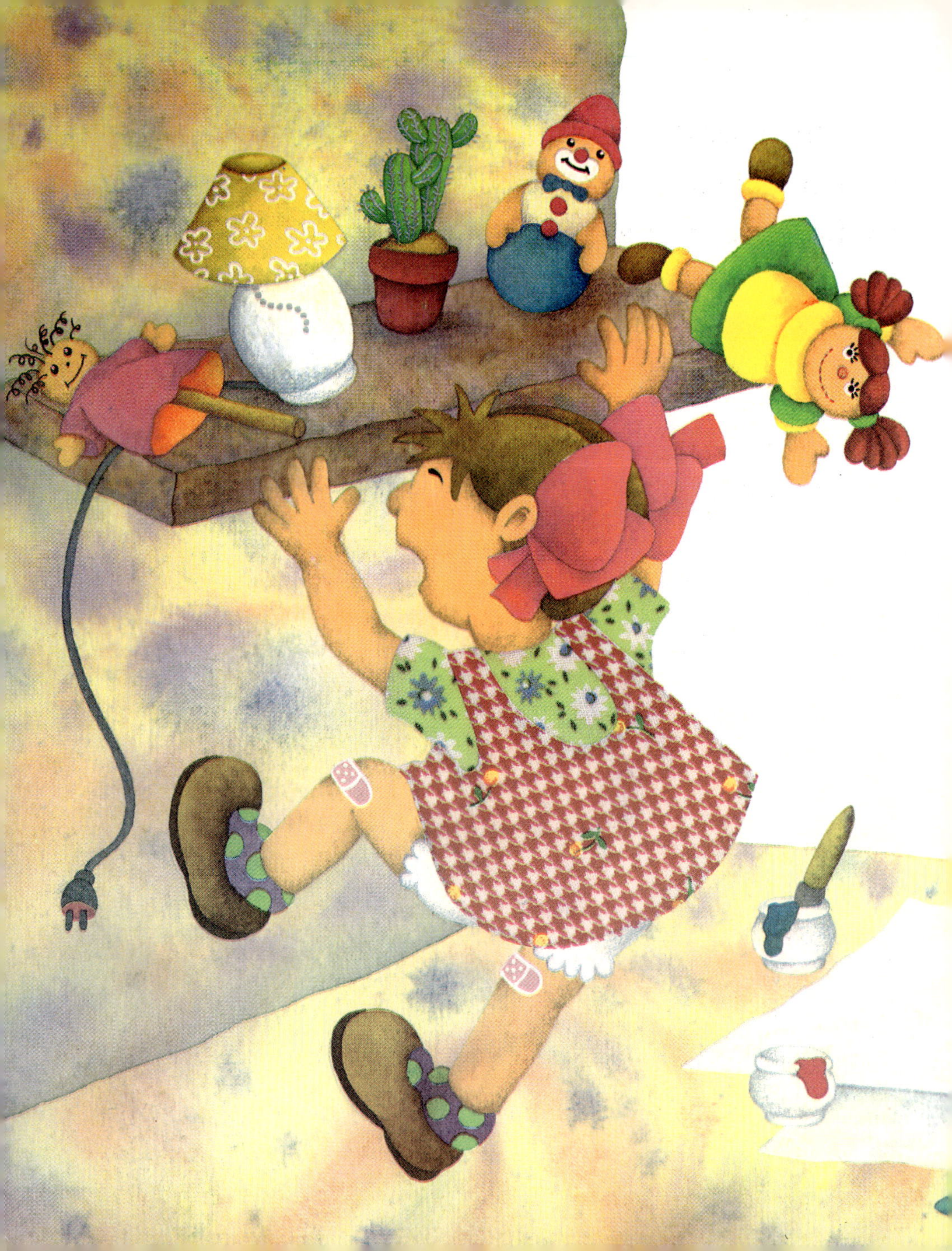

Renata descubre a su muñeca en la repisa. Da un brinco, pero no la alcanza, da otro y tampoco la alcanza. Entonces toma vuelo.

—TRAC TRAC TRAC —suenan los pies de Renata.

—RAS RAS RAS —suena la pared y suena el vestido de la muñeca y suenan los zapatos de la niña.

—¡Gua! —llora Renata—. Me duele mucho.

Su gato cierra los ojos y se tapa las orejas con sus patas.

—¡Gua! —chilla Renata.

El gato da un gran salto y luego regresa con todas las curitas que encuentra por la casa.

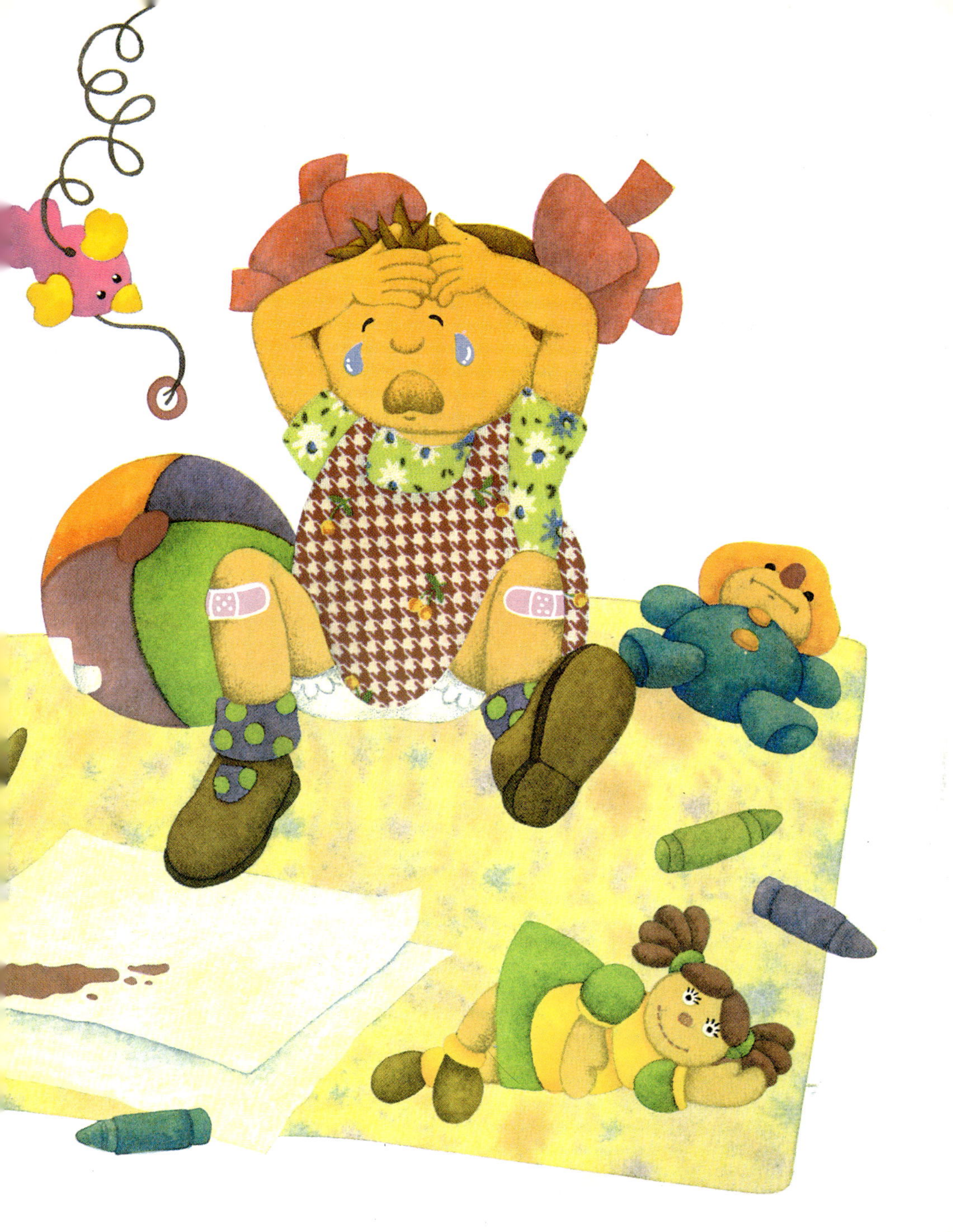

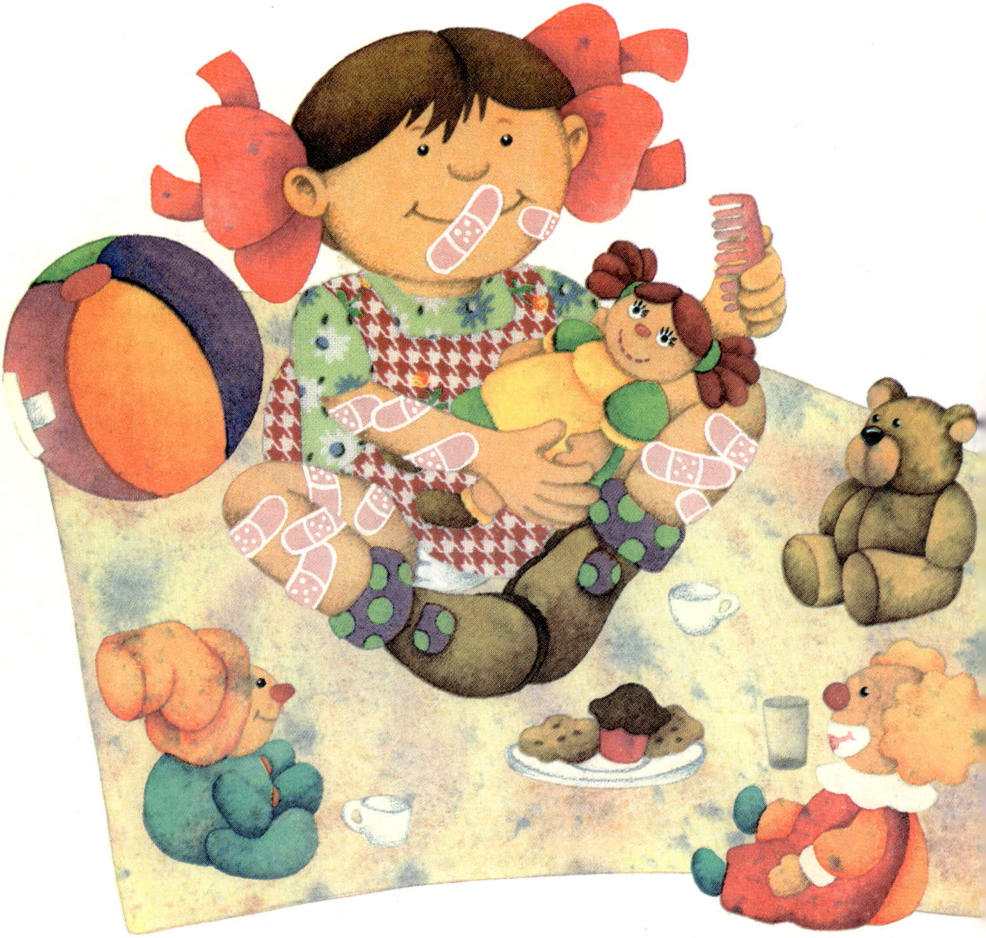

Se las reparte a la niña en las piernas, en los brazos. Y, la última, en la boca.

—Miau, miau, miau —dice el gato terminando muy feliz de darse su baño, mientras ella juega casi tapada por tanta curita.

—¡Gua! ¡Gua! —chilla Renata—. ¿Y qué voy a hacer cuando me vuelva a lastimar?

Aline Pettersson

Nació en México, D.F. Realizó la licenciatura en letras hispánicas en la UNAM. Desde 1989 ha ejercido la docencia y ha colaborado en diversos suplementos culturales de nuestro país. Entre sus títulos infantiles destacan *Ontario, la mariposa viajera* y *La princesa era traviesa*.

Este libro terminó de imprimirse en octubre de 2006 en Impresora y encuadernadora Nuevo Milenio, S. A. de C. V., San Juan de Dios núm. 451, Col. Prados Coapa 3a. sección, c, p. 14357, Tlalpan, México, D. F.